Jahr	Element	Tier	Zeitraum
1956	Feuer	Affe	
1957	Feuer	Hahn	
1958	Erde	Hund	
1959	Erde	Schwei	
1960	Metall	Ratte	
1961	Metall	Büffel	
1962	Wasser	Tiger	
1963	Wasser	Katze	
1964	Holz	Drache	
1965	Holz	Schlange	2. Feb. 1965 - 20. Jan. 1966
1966	Feuer	Pferd	21. Jan. 1966 - 8. Feb. 1967
1967	Feuer	Ziege	9. Feb. 1967 - 29. Jan. 1968
1968	Erde	Affe	30. Jan. 1968 - 16. Feb. 1969
1969	Erde	Hahn	17. Feb. 1969 - 5. Feb. 1970
1970	Metall	Hund	6. Feb. 1970 - 26. Jan. 1971
1971	Metall	Schwein	27. Jan. 1971 - 14. Feb. 1972
1972	Wasser	Ratte	15. Feb. 1972 - 2. Feb. 1973
1973	Wasser	Büffel	3. Feb. 1973 - 22. Jan. 1974
1974	Holz	Tiger	23. Jan. 1974 - 10. Feb. 1975
1975	Holz	Katze	11. Feb. 1975 - 30. Jan. 1976
1976	Feuer	Drache	31. Jan. 1976 - 17. Feb. 1977
1977	Feuer	Schlange	18. Feb. 1977 - 6. Feb. 1978
1978	Erde	Pferd	7. Feb. 1978 - 27. Jan. 1979
1979	Erde	Ziege	28. Jan. 1979 - 15. Feb. 1980
1980	Metall	Affe	16. Feb. 1980 - 4. Feb. 1981
1981	Metall	Hahn	5. Feb. 1981 - 24. Jan. 1982
1982	Wasser	Hund	25. Jan. 1982 - 12. Feb. 1983
1983	Wasser	Schwein	13. Feb. 1983 - 1. Feb. 1984
1984	Holz	Ratte	2. Feb. 1984 - 19. Feb. 1985
1985	Holz	Büffel	20. Feb. 1985 - 8. Feb. 1986
1986	Feuer	Tiger	9. Feb. 1986 - 28. Jan. 1987
1987	Feuer	Katze	29. Jan. 1987 - 16. Feb. 1988
1988	Erde	Drache	17. Feb. 1988 - 5. Feb. 1989
1989	Erde	Schlange	6. Feb. 1989 - 26. Jan. 1990
1990	Metall	Pferd	27. Jan. 1990 - 14. Feb. 1991
1991	Metall	Ziege	15. Feb. 1991 - 3. Feb. 1992
1992	Wasser	Affe	4. Feb. 1992 - 22. Jan. 1993
1993	Wasser	Hahn	23. Jan. 1993 - 9. Feb. 1994
1994	Holz	Hund	10. Feb. 1994 - 30. Jan. 1995
1995	Holz	Schwein	31. Jan. 1995 - 18. Feb. 1996
1996	Feuer	Ratte	19. Feb. 1996 - 6. Feb. 1997
1997	Feuer	Büffel	7. Feb. 1997 - 27. Jan. 1998
1998	Erde	Tiger	28. Jan. 1998 - 15. Feb. 1999
1999	Erde	Katze	16. Feb. 1999 - 4. Feb. 2000
2000	Metall	Drache	5. Feb. 2000 - 23. Jan. 2001
2001	Metall	Schlange	24. Jan. 2001 - 11. Feb. 2002
2002	Wasser	Pferd	12. Feb. 2002 - 31. Jan. 2003
2003	Wasser	Ziege	1. Feb. 2003 - 19. Feb. 2004
2004	Holz	Affe	20. Feb. 2004 - 8. Feb. 2005
2005	Holz	Hahn	9. Feb. 2005 - 28. Jan. 2006

Norbert Golluch

DIE ERFOLGREICHE
RATTE

DAS CHINESISCHE HOROSKOP

ILLUSTRIERT
VON BIRGIT TANCK

EICHBORN.

Die Deutsche Bibliothek – CIP-Einheitsaufnahme

Golluch, Norbert:
Das chinesische Horoskop / Norbert Golluch. Ill. von Birgit Tanck. – Frankfurt am Main : Eichborn.
Die erfolgreiche Ratte. – 1994
ISBN 3-8218-3360-2

© Vito von Eichborn GmbH & Co. Verlag KG,
Frankfurt am Main, September 1994.
Umschlaggestaltung:
Heike Unger, KGB • Kölner Graphik Büro
Satz und Layout: M. Röhle, KGB • Kölner Graphik Büro
Druck und Bindung: Uhl, Radolfzell
ISBN 3-8218-3360-2
Verlagsverzeichnis schickt gern:
Eichborn Verlag, Kaiserstr. 66, D-60329 Frankfurt am Main

Inhaltsverzeichnis

Die Ratte im Fernen Osten 5

Die Mondjahre der Ratte 6

Das chinesische Mondhoroskop 6

Die Ratte und die Elemente 8

Das westliche Bild der Ratte 19

Das Wesen der Ratte 22

Der Charakter der Ratte 23

Der Einfluß der Geburtsstunde 26

Die Ratte und ihre Weggefährten 27

Ratten und ihre Mitmenschen 32

Ratten und die Liebe 33

Beziehungskisten - Ratten und ihre Partner 35

Glück für die ganze Familie 42

Die Gesundheit der Ratte 43

Wie die Ratte ihr Glück findet 45

Was der Ratte den Weg zum Glück versperrt 46

Die Ratte und das Geld 47

Ratten im Beruf 49

Kann die Ratte mit dem Zwilling? 51

Die Zukunft der Ratte 58

Prominente Ratten 63

Schon am Morgen plane ich den Tag und erwarte die Frucht des Abends

So denke ich, die Ratte.

Ratten lieben es, ihrer Zukunft vorauszugreifen. Deshalb ist ihr Vorankommen nicht von Glück oder Zufall abhängig, sondern das Ergebnis fleißiger Arbeit und weiser Voraussicht. Es ist selbstverständlich, daß sie am Ende den Erfolg ihrer Arbeit genießen.

DIE RATTE IM FERNEN OSTEN

Chinesischer Name	: Schu
Energie	: Yang (Tag, positiv)
Element	: Wasser
Die Stunden der Ratte	: 23.00 - 1.00 Uhr
Das Motto	: Ich herrsche!
Himmelsrichtung	: Nord
Monat/Jahreszeit	: Dezember/Winter
Farbe	: Ocker
Duft	: Sandelholz
Geschmack	: würzig
Gewürz	: Koriander
Baum	: Eiche
Edelstein	: Smaragd
Metall	: Bronze
Glückszahl	: 11
Glückstier	: Wildgans
Glückspflanze	: Rosmarin, Gänseblume
Ideale Partner	: Affe, Drache
Der westliche Gefährte	: Schütze

DIE MONDJAHRE DER RATTE

Element	von	bis
Metall	31.1.1900	18.2.1901
Wasser	18.2.1912	5.2.1913
Holz	5.2.1924	24.1.1925
Feuer	24.1.1936	10.2.1937
Erde	10.2.1948	28.1.1949
Metall	28.1.1960	14.2.1961
Wasser	15.2.1972	2.2.1973
Holz	2.2.1984	19.2.1985

DAS CHINESISCHE MONDHOROSKOP

Als Buddha seine körperliche Existenz aufgeben und die Erde verlassen wollte, rief er alle Lebewesen zu sich, um Abschied zu nehmen. Aber nur zwölf Tiere kamen, und um diese Getreuen zu belohnen, übergab Buddha jedem von ihnen die Herrschaft über ein ganz besonderes Königreich: Jedes Tier sollte künftig ein Mondjahr regieren. Denn der chinesische Kalender, der älteste der Menschheit, ist ein Mondkalender. Seither gebieten die zwölf Tiere über die Jahre und das Leben der Menschen:

Die erfolgreiche Ratte
Der zuverlässige Büffel
Der gefährliche Tiger
Die anschmiegsame Katze
Der unerschrockene Drache
Die verführerische Schlange
Das eigensinnige Pferd
Die freundliche Ziege
Der heitere Affe
Der ausdauernde Hahn
Der aufregende Hund
Das bodenständige Schwein

Jeweils fünf Zwölf-Jahres-Kreisläufe, die nacheinander von den Elementen Holz, Feuer, Erde, Metall und Wasser beherrscht werden, fügen sich zu einem 60-Jahres-Zyklus zusammen.

IM KRAFTFELD DER URSTOFFE
DIE RATTE UND DIE ELEMENTE

Fünf Elemente beherrschen die Mondjahre und damit das Leben aller Menschen. Dies sind Metall, Wasser, Holz, Feuer und Erde. Ihre Einflüsse „färben" die Charakterzüge der Tierzeichen, sie verringern deren Stärke, gleichen sie vollständig aus oder unterstützen bestimmte Eigenschaften. Die fünf Elemente üben zudem auf unterschiedliche Weise Wirkungen aufeinander aus. Dabei gibt es eine sanfte, ableitende Wirkung und eine starke, beherrschende.

METALL - HART, ABER SPRÖDE

In einem Jahr mit Metalleinfluß geborene Menschen werden stark und charakterfest sein. Sie vertreten feste Ansichten, geben sich ebenso energisch wie strebsam und vollbringen, ausdauernd, wie sie sind, auch höchste Anstrengungen. Metall-Menschen gehen unbeirrbar ihren Weg und sind von Schwierigkeiten und Behinderungen nicht aufzuhalten. Ihr Denken und Handeln richtet sich immer auf ein lohnendes Ziel. Zäh bleiben sie an der Sache und führen diese zu Ende -

wenn sie dabei nicht die Einflüsse ihres Tierzeichens behindern.

Aus der Stärke des Elements Metall erwachsen jedoch auch negative Einflüsse: Starr halten Metall-Menschen an einmal gewonnenen Positionen fest. Auf notwendige Veränderungen reagieren sie wenig flexibel und neigen dazu, ihre Meinungen dogmatisch und unnachgiebig zu vertreten. Doch Vorsicht! Hartes ist häufig spröde und zerbricht unter zu großer Belastung!

Metall-Menschen versuchen ihr Leben mit detailgenauer Planung in den Griff zu bekommen. Ihr ausgeprägter Sinn für materielle Werte und ihre Tendenz zu Macht beschert ihnen Wohlstand, möglicherweise sogar Überfluß. Sie bezahlen dafür mit Einsamkeit: Menschen unter Metalleinfluß sind häufig Einzelgänger und können Hilfe und Unterstützung von anderen nur schwer annehmen.

Wechselwirkungen

Metall formt Gefäße, die das Wasser auffangen und für die Menschen und Pflanzen bereithalten.

Metall schneidet das Holz, und eine Axt aus Metall fällt den stärksten Baum.

Zwei Seelen: Die Metall-Ratte
(1840 -1900 -1960)

Element und Tierzeichen im Widerstreit: Unter der Hülle einer heiteren und charmanten Persönlichkeit verbergen sich starke Emotionen: Eifersucht, Egoismus, Wut und eine gewisse Raffgier. Dennoch versucht diese Ratte, ihr Leben an Idealen zu orientieren. Nur allzu oft ringen widersprüchliche Gefühle und Gelüste in ihrem Innern.

In diesem Zwiespalt hin- und hergerissen, ergeben sich kuriose Verbindungen in einer Person: der Genußmensch, der zugleich Moralapostel ist.

Die Metall-Ratte ist ausgesprochen freigiebig. Sie liebt das Geld und den Besitz, übertreibt es aber mit der Sparsamkeit nicht. Ihre Vorliebe für Pomp und Luxus orientiert sich nostalgisch. Ein antik eingerichtetes Haus, das Geschmack verrät, kann einer Metall-Ratte gehören. Dieser Hang zur Repräsentation verschafft ihr nicht selten durchaus tragfähige persönliche Verbindungen: diese Ratte hat *connections*. Da sie die richtigen Leute kennt und ihre Beziehungen einzusetzen weiß, wird sie Karriere machen. Streß und seine Folgen sind keine Gefahr für diese Ratte, denn sie liebt die Bewegung und treibt gern und ausgiebig Sport.

Wasser - sanft und stark

Wasser-Menschen sind mitteilsam und kontaktfreudig. Sie verstehen es, ihre Einstellungen und Ansichten anderen nicht nur durch Worte, sondern auch durch Gesten und weitere Ausdrucksformen der Körpersprache nahezubringen. Ihre Intuition und ihr Gespür für natürliche Abläufe (fließendes Wasser!) und Entwicklungen befähigen sie, ihre Umwelt für sich arbeiten zu lassen. Ihre ruhige Art, Einfluß zu nehmen, tut ein übriges: Wasser-Menschen werden die Fähigkeiten anderer für sich nutzen können.

Auf ihre Umwelt reagieren unter Wasser-Einfluß stehende Menschen offen und flexibel. Doch hier liegt auch ihre Schwäche: Sie vermeiden Konflikte, gehen lieber den Weg des geringsten Widerstandes und beschwichtigen häufig dort, wo Auseinandersetzungen geführt sein wollen. Zudem neigen sie hin und wieder zur Passivität und lassen sich lieber treiben, als selbst aktiv zu werden - wenn die Einflüsse ihres Tierzeichens nicht in eine andere Richtung wirken. Im Regelfall jedoch wirkt dieses Element positiv. Die sanfte, aber wirkungsvolle Kraft des Wassers ermüdet nicht und vollbringt, langsam, aber stetig, unerwartete Dinge: Sie kann förmlich Berge versetzen.

Wechselwirkungen

Wasser fällt als Regen herab und läßt Pflanzen wachsen. Es erzeugt also Holz. Wasser siegt über das Feuer, denn es kann die Flammen auslöschen.

GENIE MIT MACKEN: DIE WASSER-RATTE

(1852 - 1912 - 1972)

Die Wasser-Ratte verfügt über ausgeprägte geistige Qualitäten. Die Schärfe ihrer Gedanken ist beeindruckend. In ihrer Grundeinstellung zurückhaltend und dennoch mit Verständnis für die Eigenschaften anderer Menschen ausgestattet, eckt sie nur selten an. Auch diese Ratte weiß, wie sie einmal gewonnene Verbindungen nutzen kann. Dabei übertreibt sie das Spiel der Beziehungen manchmal, geht ihrem Gegenüber um den Bart und versucht, mit aller Macht Vorteile zu gewinnen. Darunter können ihr Scharfblick und ihre Urteilskraft leiden.

Ihre geistigen Interessen pflegt diese Ratte ihr Leben lang. Sie liest mit großer Begeisterung und setzt andere Medien für ihre Fortbildung ein. Diese Ratte weiß: Man lernt nie aus.

HOLZ - LEBENDIG UND VERWURZELT

Holz-Menschen stehen in der Welt wie ein Baum: selbstsicher und voller Festigkeit. Ihre Wurzeln sind dauerhafte moralische Werte. Dennoch müssen sie nicht als steife Tugendwächter gelten: Ihre Neugier auf alles Unbekannte und ihre Befähigung zu freundlichem Umgang mit anderen machen sie zu beliebten und wertvollen Zeitgenossen. Probleme lösen sich in ihrer Nähe förmlich in nichts auf, denn Holz-Menschen analysieren messerscharf und finden immer einen gangbaren Lösungsweg. Diese beneidenswerte Klarsichtigkeit erlaubt es ihnen, auch in großen Vorhaben den Überblick zu behalten. Als Freunde ungebremsten Wachstums und stetiger Erneuerung können sie zudem Ideen vermitteln und sinnvoll umsetzen. Diese Begabung, gepaart mit einer Anlage zur einfühlsamen Menschenführung, läßt sie für hohe Positionen in Beruf und Politik geeignet erscheinen. Zudem Holz-Menschen stehen selten auf einsamem Posten. Mit ihrer Überzeugungskraft und ihrem Optimismus gewinnen sie schnell Verbündete.

Die für Holz-Menschen typischen Gefahren: Die Neigung, alles auf die Spitze zu treiben, raubt ihnen oft unnötig viel Energie. Wenn sie - selten genug - ihre Möglichkeiten überschätzen, versagen sie völlig und reagieren kopflos - wenn nicht die Energien ihres Tierzeichens entgegenwirken.

Wechselwirkungen

Holz nährt das Feuer. Ohne Holz kann das Feuer nicht existieren. Holz hält die Erde mit seinen Wurzeln fest und entnimmt ihr, was es zum Wachstum braucht.

Voll alltagstauglich: Die Holz-Ratte
(1864 - 1924 - 1984)

Diese Ratte schwimmt im Meer des Alltags wie ein Fisch im Wasser. Sie wird Karriere machen und kann dank ihrer umgänglichen Art in jedem Bereich zufriedenstellend arbeiten. Dabei verrät die Holz-Ratte im Gegensatz zu anderen Ratten-Typen ihre Überzeugung nie und steht fest zu ihren Prinzipien. Sicherheit bedeutet ihr viel. Dennoch verliert sie nicht den Mut zum Risiko und setzt ihre Kräfte flexibel ein, um ein Ziel zu erreichen. Selbstsicher und mit Sachkenntnis vertritt sie ihre Vorhaben, und es gelingt ihr stets, Mitstreiter zu finden.

Was immer ihren Lebensweg kreuzt, ob Mensch, Ereignis oder Gegenstand, sie kann es für sich nutzen. Geschickt setzt sie alles in dem Räderwerk ein, das ihre Welt ist. Vorausschauend in der Planung und immer auf Schwierigkeiten vorbereitet, findet diese Ratte schnell die Wertschätzung ihrer Umwelt.

Feuer - heiss und zerstörerisch

Mit Entschlußkraft und Souveränität treten Feuer-Menschen der Welt gegenüber. Energisch, erfolgsorientiert und -gewohnt, stellen sie häufig den Alleinherrscher in Person dar. Dabei sind sie weder Hochstapler noch Wichtigtuer: Hinter ihrer Erscheinung steht Substanz. Feuer-Menschen zeichnen sich tatsächlich durch ihre Führungsbefähigung aus. Brillant im Intellekt und durchdrungen von glühender Begeisterung bei der Verwirklichung von neuen Ideen, schreiten sie unverzüglich zur Tat - und reißen ihre Mitmenschen mit sich. Besonders empfängliche Personen machen sie vielleicht gar zu Fanatikern.
Ihre Abenteuerlust und ihr Vergnügen an Neuerungen nimmt auf Bestehendes wenig Rücksicht. Im Gegenteil: Feuer-Menschen lieben das Wagnis. Ständig sind sie unterwegs zu neuen, unbekannten Ufern, begleitet von ihren Anhängern, Jüngern und Gefolgsleuten, die sie einfallsreich und geschickt dirigieren. Es bereitet ihnen keine Mühe, Macht auszuüben.
Die Schattenseiten: Feuer-Menschen neigen zu Egoismus und verlieren die Relationen im Umgang mit anderen Menschen. Deren Meinung zählt nur wenig - schon läuft der Alleinherrscher, zwar gewarnt, in eine Falle. Ihre Ungeduld, die Neigung zu Intoleranz und

blindem Draufgängertum, ihre Rücksichtslosigkeit werden glücklicherweise meist von den Kräften des Tierzeichens im Zaum gehalten. Verstärken sich jedoch die Einflüsse des Elements Feuer und die Energien des Tierzeichens, kann sogar die Gefahr roher Gewaltanwendung bestehen. Feuer-Menschen können sehr destruktiv sein, wenn nichts ihre Energien zügelt.

Wechselwirkungen

Feuer verwandelt alles in Asche, also in Erde. Es beherrscht das Metall. Das Feuer kann Metall schmelzen und schmiedbar machen.

Mutig & munter: Die Feuer-Ratte

(1876 - 1936 - 1996)

Die Feuer-Ratte ist kraftvoll und unternehmungslustig. Sie tut alles, um ihr eigenes und das Leben ihrer Freunde und Gefährten zu verbessern. Gerechtigkeit ist für sie kein leeres Gerede. Voller Tatkraft und geleitet von Idealen ist sie ständig in Kampfesstimmung. Dabei nimmt sie nicht immer Rücksicht und läßt es gelegentlich an Diplomatie mangeln. Das kann ihrer Sache schaden. Auch der Ehrgeiz dieser Ratte, Überdurchschnittliches zu leisten, bringt sie nicht selten in kritische Situationen. Doch die Feuer-Ratte liebt die Gefahr: Ritterlich wie Don Quichote stellt sie sich jeder Auseinandersetzung.

Im Gegensatz zu anderen Ratten geht diese Ratte locker mit ihren materiellen Ressourcen um. Sie reist gern und viel, kleidet sich nach der letzten Mode und gibt auch für Heim und Herd einiges aus. Ihr Familiensinn hingegen ist nicht so stark wie bei anderen Ratten ausgeprägt. Von allzu festen Bindungen fühlt sie sich in ihren Möglichkeiten beschnitten und reagiert mit Rückzug.

ERDE - AUF NUMMER SICHER

Erde-Menschen gelten als intelligent und um Objektivität bemüht. Sie sehen das Leben aus dem praktischen Blickwinkel, tragen gern Verantwortung und bewältigen sowohl den Alltag als auch Extremsituationen überaus diszipliniert. Ihre ausgezeichnete Befähigung zu logischem Denken nutzen sie konsequent: Sie konzentrieren ihre Energien auf solide Arbeit und verläßliche Projekte. Nein, Spieler sind sie nicht, eher zuverlässige Arbeiter, aber auch perfekte Planer und Organisatoren. Ihr guter Sinn für das Materielle kombiniert mit der Befähigung, Entscheidungen nach gründlichem

Abwägen zu treffen, bewahrt sie davor, sich aufs Glatteis zu begeben. Sie wählen lieber den üblichen, sicheren Weg, der dennoch zu guten Ergebnissen führt. Vom Wesen her auf Beständigkeit bedacht, neigen Erde-Menschen nicht zu Übertreibungen, sondern sehen die Dinge ungeschönt und realistisch.

Darin liegt auch die Gefahr dieses elementaren Einflusses: Erde-Menschen müssen sich mangelnden Einfallsreichtum, fehlende Spontaneität und übertriebenes Sicherheitsdenken vorwerfen lassen. Im alltäglichen Umgang bewähren sie sich als berechenbare und zuverlässige Partner.

Wechselwirkungen

Aus der Erde stammen die Erze, aus denen Metall entsteht. Erde zwingt Wasser in eine Bahn, Dämme und Deiche bremsen seine Gewalt.

ORDNUNG IST DAS HALBE LEBEN: DIE ERDE-RATTE

(1888 - 1948 - 2008)

Sie ist die „spießige" Ratte. Geregelte Abläufe bedeuten ihr einiges, und ihr Leben ist geprägt von festen Ordnungsbegriffen. Unkonventionelle Lösungen sind ihr zuwider, sie geht lieber alte, ausgetretene Wege. Sicherheit ist der Erde-Ratte das Wichtigste. Daher agiert sie meist nur im Rahmen eines eng abgesteckten Terrains und wird oft auch noch von übergroßem Realismus gebremst. Geniale Entwürfe, Lufschlösser und Träume sind nicht ihre Sache. Wenn sie jedoch ihren Platz gefunden hat, leistet sie Beachtliches. In ihren Anforderungen an andere wird sie leicht unverschämt. Was sie selbst leistet, haben auch andere zu erbringen, fordert sie selbstgerecht.

Dabei übersieht sie, daß auch sie ihre Grenzen hat: Viele Probleme, die zugleich auf sie einstürmen, machen ihr Angst, und sie reagiert konfus und orientierungslos. Ihr soziales Ansehen bedeutet ihr oft zu viel. Zwar verhält sie sich ihrer Familie gegenüber sehr fürsorglich, doch wird sie hart und unduldsam auch gegen nahe Verwandte, wenn diese ihre Erfolgserwartungen nicht erfüllen. Ständig vergleicht sie ihren eigenen und den Erfolg ihrer Lieben mit den Errungenschaften der Nachbarn und Kollegen. Dabei urteilt sie ohne Gnade.

Mühsam nährt sich die Erd-Ratte: Durch ihr Element in ihren Aktivitäten eingeschränkt, kann sie ihren Reichtum nur langsam mehren. Ihre Scheu vor jedem Risiko hemmt sie in Unternehmungen, die durchaus erfolgreich verlaufen könnten.

DAS WESTLICHE BILD DER RATTE

Das Outfit

Eher unauffällig, aber nicht ohne Eleganz; wenn teuer, dann nicht laut und aggressiv; die Ratte zieht edle Marken vor, die ihren Preis aus Zeitlosigkeit und Haltbarkeit begründen.

Das Auftreten

Dezent, aber nicht ohne Pfiff. Die Ratte haßt das Laute und vertraut lieber auf die Wirkung ihrer Worte.

Das Verkehrsmittel

Die durchschnittliche Ratte fährt eine Familienkutsche oder einen sparsamen Kompaktwagen der unteren Mittelklasse. Selbstverständlich, daß ihr Fahrzeug so umweltfreundlich und ökonomisch wie möglich ausgelegt ist. Ratten, die in der Stadt wohnen, benutzen Fahrrad oder Straßenbahn.

Der Computer

Wie vieles im Leben der Ratte ist der Computer Mittel zum Zweck. Ausgesprochene EDV-Freaks oder Hacker sind selten unter Ratten. Ein IBM („Incredibly Boring Machine?")-kompatibler PC mittlerer Preisklasse, auf dem vor allem Kalkulationssoftware und ein kaufmännisches Programm laufen, genügt der Ratte. Der kreative Einsatz des Rechners kommt unter diesem Zeichen nur selten vor. Multimedia hält die Ratte für Zeit- und Geldverschwendung. Es gibt auch Ratten, die mit einem Taschenrechner auskommen.

Der Techno-Hit

Ihr liebstes Gerät ist das Telefon. Ohne Telefon ist eine Ratte so gut wie aufgeschmissen, weil vom allgemeinen Kommunikationsfluß abgeschnitten. Da Ratten zwar exzessiv, aber preisbewußt telefonieren, kann es sein, daß ihr Anschluß während der Niedrigtarifzeiten ständig besetzt ist.

Der Lieblingsfilm

Dynastische Dramen wie „Vom Winde verweht" kommen bei der Ratte ganz groß an. Männliche Ratten lieben Action der milden Art und Wirtschaftsdramen à la „Wallstreet".

TV - Die Ratte vor der Kiste

Weibliche Ratten stellen 45% des Zuschauerpotentials für Serien wie „Die Lindenstraße", „Reich und schön" oder „Der California-Clan". Männliche Ratten favorisieren Informationssendungen wie „WISO" oder „Plusminus". Beide Geschlechter unterhalten sich bestens bei der „Hobbythek" oder bei Talkshows.

Das Lieblingsbuch

ist ihr Scheckheft. Ihre Lektüre beginnt bei Romanwerken wie Thomas Manns „Buddenbrooks" und reicht über erotische Literatur bis zum wirtschaftstheoretischen Fachbuch. Ratgeber werden gern gelesen und in die Praxis umgesetzt. Wasser-Ratten lesen alles - vom Telefonbuch bis zum Kaufhausprospekt.

Jet oder Fahrrad? Das Urlaubsziel

Ratten reisen nicht gern in die Ferne. Auch Rucksacktouristen kommen unter diesem Zeichen selten vor. Das ist der Ratte einfach zu unbequem. Im Zentrum aller Überlegungen steht der Familienurlaub. Das Verreisen mit Freunden bereitet der Ratte ebenso Freude. Ratten benutzen Wohnmobile, mieten Ferienhäuser oder zelten, wenn ein gewisser Komfort gegeben ist. Ihre Reiseziele sollten einen Bezug zur Heimat aufweisen. Wenn ihr Geist etwas Vertrautes als Brücke zum Gewohnten besitzt, fühlt er sich frei, auch in der Fremde herumzuschweifen. Allein unter fremden Menschen gefällt es Ratten nur selten.

Das Vorbild

Das unausgesprochene und vielleicht sogar unbewußte Vorbild der Ratte-Frau ist die Schauspielerin Doris Day, die in ihren Filmen die perfekte Ratte verkörpert.
Das Vorbild der Ratten-Männer: Marlon Brando, eine Art Super-Ratten-Mann mit extravaganten Neigungen. Konventionelle Ratten-Männer streben Prinz Charles nach. Nur Nostalgiker wandeln auf den Spuren von Konrad Adenauer.

*Nicht in den Worten
suche die Wahrheit,
sondern in den Augen.*

Schönheit auf den zweiten Blick
DAS WESEN DER RATTE

Der erste Eindruck

Der erste Eindruck nimmt nicht viele Menschen für die Ratte ein. Sie erscheint zunächst unzugänglich, ja reserviert. Dennoch können im Jahr der Ratte Geborene sehr charmant, ja geradezu bezaubernd auf ihre Umgebung wirken. Ihre einnehmende Ausstrahlung hat dabei nichts Gekünsteltes. Die Ratte kann Unangenehmes so entwaffnend und schonend vorbringen, daß man ihr nicht böse sein kann. Lernt man eine Ratte näher kennen, so bemerkt man, daß sie von Natur aus ehrlich und offen ist.

Verborgene Qualitäten
DER CHARAKTER DER RATTE

Ratten können stolz auf sich sein, denn sie besitzen eine Vielzahl positiver Eigenschaften: Sie sind charmant und attraktiv wie ein Filmstar, mitfühlend wie eine Krankenschwester, beschützend wie ein Bodyguard, kommunikativ wie die Tageszeitung, dynamisch wie ein Turnschuh, familiär wie Fred Feuerstein, geschickt wie ein Taschenspieler und aufrichtig wie ein Pfadfinder. Nicht genug damit: Ratten sollen auch noch idealistisch wie die Heilsarmee, wohlhabend wie Dagobert Duck, experimentierfreudig wie Daniel Düsentrieb, ruhig wie ein Appartement am Nordpol, liebevoll und sinnlich wie Mata Hari, talentiert und wißbegierig wie der junge Einstein und dabei auch noch offenherzig wie der Bundeskanzler sein - sagt ihr Chinahoroskop.

Doch Ratten sollten auch ihre Schattenseiten kennen. Wissen Sie, liebe Ratte, daß Sie besitzergreifend, exzessiv, ängstlich und sogar selbstsüchtig sein können?

Die Charaktereigenschaften der Ratte im einzelnen: Wer sich mit einer Ratte näher anfreundet, wird den Umgang mit ihr schätzen. Fröhlich meistert sie ihren Alltag, löst intelligent anfallende Schwierigkeiten und bringt dabei durch ihre gesellige Art ihre Mitmenschen immer wieder in Schwung. Daß sie gelegentlich auch überkritisch, ja geradezu raunzig sein kann, erkennen ihre Gefährten erst später. Auch daß manche Ratte ihre eigentliche Meinung gern für sich behält und selten eindeutig Position bezieht, ist eine Eigenschaft, die man nur dann bemerkt, wenn man eine Ratte näher kennenlernt.

Im Gegensatz dazu ist ein Wesenszug der Ratte besonders auffällig: ihre Neugier. Zwar behalten Ratten Geheimnisse für sich, besonders dann, wenn es ihre eigenen sind. Sie beherrschen es jedoch perfekt, anderen selbst verborgene Hintergründe zu entlocken. Also Vorsicht mit Ratten-Menschen, wenn Sie etwas zu verbergen haben! Denn zu den Schattenseiten dieses Zeichens gehört auch die Klatschsucht. Keine Neuigkeit, kein Geheimnis, das nicht augenblicklich verbreitet wird. Diese unangenehme Eigenheit kann es schwierig machen, Freund oder Freundin einer Ratte zu sein. Manche Ratte treibt es einfach zu weit: Sie macht es sich zum Prinzip, über alles und jeden bestens informiert zu sein. Eine solche Ratte wäre ein idealer Klatschreporter in einer Tageszeitung, was auch nicht selten ihre Profession ist.

Doch Ratten sind keineswegs nur neugierige Schnüffler. Ihre Art und Weise, die Welt zu betrachten, ist überaus scharfsichtig und klug. Mit Gespür, wachem Blick für bedeutsame Gelegenheiten und einem guten Gedächtnis ausgestattet, entgeht der Ratte nichts. Wißbegierig und für neue Informationen offen, hat sie stets alles im Griff. Was sie auch anpackt, sie beendet es fast immer erfolgreich. Ihre Besonnenheit, ihre rasche Auffassungsgabe und ihr beispielhafter Weitblick verhindern dabei, daß sie in Fallen tappt oder auf Betrüger hereinfällt. Für solche Patzer ist sie einfach zu wachsam.

In ihrer Offenheit fällt es der Ratte meist schwer, Gefühle zu verbergen. Ein Pokerface kennt sie nicht. Trotz allem Bemühen, sich zu beherrschen, merkt man der Ratte an, wenn sie sich freut oder es in ihr kocht. Ärger und Wut äußern Ratten deutlich. Mit bissigen Bemerkungen, schroffen Einwürfen oder gar kaltschnäuzigen Attacken verschafft sich die Ratte Luft.

Unangenehm fällt auf, daß die Ratte alles und jedes kritisieren muß. Neidisch vergleichen Ratten Besitzstände und Privilegien, feilschen um Vorteile und kritisieren die Entscheidungen anderer in materiellen Dingen. Dabei fehlt ihnen oft der Blick für das Wesentliche und sie verzetteln sich mit Nebensächlichkeiten.

Ob die folgende Eigenschaft der Ratte positiv oder negativ ist, hängt von ihrer praktischen Anwendung ab: die Sammelwut. Voller Leidenschaft tragen Ratten Gegenstände zusammen, die sie gar nicht gebrauchen können. Dabei geht es ihnen mehr um das Sammeln an sich als um den Besitz bestimmter Objekte. Dennoch leiden die Lebensgefährten von Ratten häufig unter der Menge des Zusammengetragenen. Ein Zimmer voller Puppen oder ein Dachboden, vollgestopft mit Modelleisenbahnzubehör oder Briefmarkenalben, gehört zum Ratten-Alltag. Jüngere Ratten sammeln Coladosen, CDs oder Barbie-Puppen.

Problematisch wird das Verhalten der Ratte, wenn es zur Krise kommt. Immer auf ihren Vorteil bedacht, wählt die Ratte häufig den Weg des geringsten Widerstandes. Ihr angeborener Verteidigungsmechanismus bewahrt sie zwar vor persönlichem Schaden, doch nicht immer sind die Menschen in ihrem Umfeld mit ihrer Lösung des Problems einverstanden. Ein unbestrittener Vorteil dieses Verhaltens: Ratten meiden geschickt das Zentrum der Katastrophe und können daher auch dann noch ihre Selbstbeherrschung wahren, wenn Angehörige anderer Tierzeichen bereits einen Tobsuchtsanfall haben.

Die chinesischen Aszendenten
DER EINFLUSS DER GEBURTSSTUNDE

Wie der Aszendent im Sonnen-Horoskop, so nimmt der Weggefährte im chinesischen Horoskop eine wichtige Rolle ein. Auch er wird bestimmt durch die Geburtsstunde. Der Einfluß des Weggefährten auf ein Tierzeichen kann sehr stark und prägend sein. Besonders die aktive oder passive Qualität der Tierzeichen wirkt beim Weggefährten mit und bestimmt, ob ein Mensch seinem Lebenslauf eher erduldend oder handelnd gegenübersteht:

Ratte	aktiv	23.00 Uhr - 1.00 Uhr
Büffel	*passiv*	1.00 Uhr - 3.00 Uhr
Tiger	aktiv	3.00 Uhr - 5.00 Uhr
Katze	*passiv*	5.00 Uhr - 7.00 Uhr
Drache	aktiv	7.00 Uhr - 9.00 Uhr
Schlange	*passiv*	9.00 Uhr - 11.00 Uhr
Pferd	aktiv	11.00 Uhr - 13.00 Uhr
Ziege	*passiv*	13.00 Uhr - 15.00 Uhr
Affe	aktiv	15.00 Uhr - 17.00 Uhr
Hahn	*passiv*	17.00 Uhr - 19.00 Uhr
Hund	aktiv	19.00 Uhr - 21.00 Uhr
Schwein	*passiv*	21.00 Uhr - 23.00 Uhr

AUF DIE BEGLEITUNG KOMMT ES AN!
DIE RATTE UND IHRE WEGGEFÄHRTEN

Geburtsstunde 23.00 Uhr - 1.00 Uhr
WEGGEFÄHRTE RATTE

Eine Ratte, deren Charme nicht frei von Selbstverliebtheit ist. Sie lebt sehr zurückgezogen und entwickelt eine geradezu lauschige Häuslichkeit. Bemerkenswert ist ihre Vorliebe für das schriftliche Niederlegen ihrer Gedanken. Es beginnt mit Tagebuchschreiben und endet nicht selten bei einer schriftstellerischen Tätigkeit.

Geburtsstunde 1.00 Uhr - 3.00 Uhr
WEGGEFÄHRTE BÜFFEL

Diese ernsthafte, wenig verspielte Ratte geht das Leben gemächlicher, aber auch mit weniger Esprit an. Zuverlässigkeit ist ihr wichtig, und Risiken meidet sie mehr als andere Ratten. Tempo ist ihre Sache nicht, dennoch erreicht sie ihre Ziele sicher und ohne unnötiges Wagnis.

Geburtsstunde 3.00 Uhr - 5.00 Uhr

WEGGEFÄHRTE TIGER

Eine kraftstrotzende Prachtratte mit Herrschertendenzen, deren Kampfeslust ihr nicht nur Freunde beschert. Wenig ausgeprägt sind allerdings Sparsamkeit und Sachverstand, auch in bezug auf geschäftliche Dinge. Dafür steht diese Ratte als zäher Kämpfer auch in scheinbar aussichtslosen Situationen ihren Mann oder ihre Frau.

Geburtsstunde 5.00 Uhr - 7.00 Uhr

WEGGEFÄHRTE KATZE

Diese auf den ersten Blick sanfte und charmante Ratte erweist sich beim näheren Kennenlernen als zäh in der Sache und eigennützig auf den eigenen Vorteil bedacht. Das Verhandlungsgeschick der Katze und ihr ausgeprägter Wille ergänzen sich mit den ökonomischen Qualitäten der Ratte. Das Ergebnis: die perfekte Manager-Ratte!

Geburtsstunde 7.00 Uhr - 9.00 Uhr

WEGGEFÄHRTE DRACHE

Eine freigebige und selten engstirnige Ratte, die aber hin und wieder ihre Spendabilität bedauern muß, weil sie sich ausgenutzt sieht. Die diplomatischen Fähigkeiten der Ratte werden oft durch die laute, ungestüme Art des Drachen überdeckt.

Geburtsstunde 9.00 Uhr - 11.00 Uhr

Weggefährte Schlange

Eine überaus anziehende Ratte, die ihre Verehrer mit erotischen und materiellen Qualitäten umgarnt. Der wachsame Einfluß der Schlange verhindert auch im Falle blindester Verliebtheit Vermögensschaden, bevor er entstehen kann. Umgekehrt versteht es diese Ratte selbst, sich auf Umwegen Vorteile zu verschaffen. Auffällig: ihr modisch-elegantes Erscheinungsbild.

Geburtsstunde 11.00 Uhr - 13.00 Uhr

Weggefährte Pferd

Widerstreitende Kräfte beherrschen diese Person. Hin und hergerissen zwischen Freiheitsliebe und dem Bedürfnis nach Sicherheit ist sie zahlreichen Anfechtungen ausgesetzt. Schwankend nicht nur im Liebesleben und zu überzogenen Risiken bereit, ist sie entweder überaus erfolgreich oder sie stürzt abgrundtief.

Geburtsstunde 13.00 Uhr - 15.00 Uhr
Weggefährte Ziege

Eine kultivierte Person mit Geschmack, deren Charakterwerte manchmal unter allzu viel Anpassungsbereitschaft leiden. Ratten mit dem Weggefährten Ziege neigen zu Naivität und stellen ihr Gefühlsleben oft in den Vordergrund.

Geburtsstunde 15.00 Uhr - 17.00 Uhr
Weggefährte Affe

Die lustigste Ratte, die es gibt, hat ständig einen Scherz auf den Lippen und steckt voll abenteuerlicher Einfälle. Ihre Tatkraft in Verbindung mit der listenreichen Art des Affen macht sie zu einem ernstzunehmenden Gegner. Unter diesen Eigenschaften leidet ein wenig das Gefühlsleben.

Geburtsstunde 17.00 Uhr - 19.00 Uhr
Weggefährte Hahn

Eine finanziell gefährliche Kombination, denn der Tüchtigkeit der Ratte steht der Selbstdarstellungsdrang des Hahnes gegenüber. Was hier erarbeitet wird, fliegt dort für Protz und Luxus aus dem Fenster. Unter dem Strich bleibt eine zwar intelligente, im Vergleich aber eher erfolglose Ratte, ausgestattet mit dem übersteigerten Selbstwertgefühl des Hahnes...

Geburtsstunde 19.00 Uhr - 21.00 Uhr
WEGGEFÄHRTE HUND

Die altruistischen Tendenzen des Hundes kämpfen mit dem Geschäftssinn der Ratte - „krumme Touren" fallen ihr schwer. In der Familie brillieren die Eigenschaften beider Zeichen: Es regieren Gerechtigkeit, Brüderlichkeit und ehrliches Miteinander. Eine ausgleichende Ratte, die sich stets um Objektivität bemüht und moralisch gefestigt im Leben steht.

Geburtsstunde 21.00 Uhr - 23.00 Uhr
WEGGEFÄHRTE SCHWEIN

Die edle Gesinnung des Schweines dämpft den Egoismus der Ratte. Wenn dieser unterliegt, tritt der seltene Fall ein, daß eine Ratte sich als Weltverbesserer oder Heilsbringer sieht. Auffallend: Die Ratte mit dem Weggefährten Schwein ist eine überaus gesellige und gastfreundliche Vertreterin ihrer Art.

Immer voll dabei und bestens drauf

RATTEN UND IHRE MITMENSCHEN

Ratten sind soziale Wesen. Sie haben viel für ihren Partner und ihre Verwandten übrig und besitzen meist einen sehr großen Freundeskreis. Sie pflegen ihre Beziehungen und halten oft über lange Jahre Kontakt auch zu entfernten verwandten Seelen. Probleme haben sie allerdings, einmal angeknüpfte Gefühlsbindungen zu beenden.

Es macht Ratten großen Spaß, Feste zu feiern und sich auf Partys auszutoben. Dabei ziehen sie den kleinen Kreis guter Freunde allzu großen Veranstaltungen vor. Bei jeder noch so irrwitzigen Unternehmung sind sie dabei und geben extrovertiert ihr Bestes. Besonders bewundernswert: Ratten können Freundschaften zu Menschen im ganzen Land über eine lange Zeit lebendig erhalten. Das liegt unter anderem auch daran, daß sie Besuche bei Freunden anonymen Urlaubsreisen vorziehen.

Sparschwein, Sex und Ehetrott

RATTEN UND DIE LIEBE

Wer den ersten, oft nicht so positiven Eindruck bereits hinter sich hat, ist vom natürlichen Charme der Ratte gefesselt. Ein geeignetes Parfum, z.B. Sandelholz, tut ein übriges: Es ist für Ratten kein Problem, ihre potentiellen Partner in erotischen Bann zu ziehen. Dabei verläuft die Verführung unmerklich und wie stille Zauberei. Sind Ratten verliebt, leben sie ihre Leidenschaft ungezügelt aus. Ihre Sexualität ist natürlich und ohne falsche Scham. Nur die Erd-Ratte knabbert noch an alten Vorurteilen. Eifersucht ist in einer Beziehung zu einer Ratte nur selten ein Problem. Entweder sind sich Ratten ihres Partners sicher und glauben an den Bestand von Partnerschaft und Ehe, oder sie versuchen, sich emotional möglichst vollständig zu lösen. Gegen Konkurrenz in der Liebe haben Ratten eine natürliche Abneigung. Das Ziel jeder Ratten-Verbindung bleibt letztlich die Familie. Nur die Feuer-Ratte ist erotischen Eskapaden gegenüber nicht immer abgeneigt.

Was kann Ratten erotisch beeindrucken? Zuverlässigkeit und Treue sind Eigenschaften, die sie besonders schätzen. Deswegen erwarten Ratten von ihrem Partner vor allem diese Qualitäten. Auch geistige und körperliche Stärke imponiert ihnen. Ideale Gefährten sind daher Büffel, Ratten und Schlangen, welche die Ratte-Menschen besonders durch ihre Intelligenz faszinieren. Aber auch Macht und geistige Beweglichkeit ziehen Ratten an. Deshalb können sie der Attraktion des Affen kaum widerstehen.

Erotische Konflikte und Probleme ergeben sich aus Verbindungen zu Menschen des Zeichens Pferd. Diese sind der Ratte einfach zu unabhängig und wechselhaft. Auch die verschwenderische Ziege kommt für eine Partnerschaft kaum in Frage, da dieses genußsüchtige Tier allzu leichtfertig mit den Ersparnissen der Ratte umzugehen pflegt.

Zusammengefaßt: Die Liebesfähigkeit der Ratte ist deutlich ausgeprägt. Sie kann jedoch in Konflikt mit ihrer Schlauheit und ihrem Hang zum Geld geraten.

Gehe mit Menschen um wie mit Holz!
Nur weil ein Stückchen wurmstichig ist,
würdest du nie den ganzen Stamm wegwerfen!

Beziehungskisten
Ratten und ihre Partner
Die zwölf möglichen Kombinationen

Doppelwhopper: Ratte - Ratte

Ergibt zweifache Häuslichkeit auch doppeltes Glück? Nicht immer, denn besonders die Rattenfrau übertreibt es gern und wird dann zur Haustyrannin. Wenn es aber beiden gelingt, Nörgelei, Geiz und Herrschaftsanspruch in Schranken zu halten und sie sich genügend Spielraum lassen, kann eine erträgliche Verbindung entstehen. Besondere Krisen stellen psychische Tiefpunkte dar, die sich doppelt stark auswirken. Unterschiedliche Metalleinflüsse (z.B. Feuer und Wasser) bringen Leben ins Haus!
Das Doppel-Ratten-Paar: Kim Wilde und Konrad Adenauer.

Traumpaar Light: Ratte - Büffel

Der Büffel bereichert die Geldbörse der Ratte, die aber auch ihrerseits finanziell nicht ohne Glück ist. Wohlstand ist dieser Verbindung sicher, und beide bauen darauf eine langdauernde Beziehung voller Sicherheit und Zuverlässigkeit auf. Weibliche Ratten brillieren sowohl als Hausfrauen wie auch als Geliebte, was den Büffel-Mann zu ungeahnten Höhen der Leidenschaft aufsteigen läßt. Die Nörgelsucht der Ratte prallt an der Sturheit des Büffels einfach ab - gut so! Konflikte erge-

ben sich, wenn der erzkonservative Erd-Büffel allzu chauvinistische Sprüche abläßt. Doch versteht es die Ratte stets, die unbändige Kraft des Büffels im Zaum zu halten, so daß es zu gefährlichen Eruptionen nur selten kommt.
Das entsprechende Traumpaar: Charlie Chaplin (Büffel) und Doris Day (Ratte).

ZEITVERTRAG: RATTE - TIGER

Sie streben gemeinsam nach Geld und Ruhm, wobei sich die Ratte für das Geld, der Tiger für den Ruhm zuständig fühlt. Solange sie ihren gemeinsamen Interessen - Geselligkeit, Sport oder Kultur - nachgehen, ist alles in bester Ordnung. Interessenkollisionen ergeben sich, wenn der Tiger seine Lieblingssportart (Geldausgeben) übertreibt oder allzu flippig und unberechenbar durchs Leben streift. Sonderlich begeistert ist keiner vom anderen. Dennoch sind Konflikte kein Beinbruch - man löst sie halt oder trennt sich eben. Besonders Feuer-Tiger tendieren zu letzterem. Keine wildromantische Liebe, sondern eine Verbindung mit Sollbruchstelle. Eine Weile geht es ganz gut, aber dann...
Das Paar mit Knickpunkt: Marilyn Monroe (Tiger) und Erich Honecker (Ratte).

DOPPELSOLO: RATTE - KATZE

Zwar gehen sie offen und ehrlich miteinander um und erkennen die angenehmen Seiten ihres Gegenübers. Auf Dauer jedoch strengt diese Beziehung beide Partner zu sehr an. Das ständige Drängen der Ratte nach geordneten Verhältnissen und Beständigkeit kommt bei der Katze nicht sonderlich an, während die Ratte die

Geheimnistuerei und die snobistischen Angewohnheiten der Katze auf Dauer nicht billigt. Am wohlsten fühlt sich dieses Paar, wenn sie Gäste haben, denn gastfreundlich sind beide. Wenn sie allein sind, ist jeder zu stark auf seine eigenen Bedürfnisse bedacht.
Einsam, aber gemeinsam: Frank Sinatra (Katze) und Nastassja Kinski (Ratte).

VOLLER ABFLUG: RATTE - DRACHE

Eines der Traumpaare des chinesischen Horoskops! Die beiden selbstsicheren Partner beherrschen das alte Spiel von Nähe und Distanz perfekt. Jeder vertraut dem anderen, und beide sehen die Welt von ihrer besten Seite. Bei soviel Optimismus muß eine Partnerschaft gelingen. Ihr Glück strahlt auch das Heim dieses Paares aus, wobei eine gewisse kitschige oder gar bombastische Variante eher auf Rechnung des Drachens geht. Konflikte, so sie überhaupt aufkommen, verlaufen kurz und schmerzlos. Die darauf folgende Versöhnung ist immer filmreif.
Das Superhyper-Paar: Florence Nightingale (Drache) und Götz von Berlichingen (Ratte).

TIERVERSUCH: RATTE - SCHLANGE

Von Anfang an findet die Ratte den Intellekt der Schlange anziehend, doch sollten noch andere Faktoren hinzukommen, um diese Beziehung tragfähig zu machen. So kollidiert die häufig pessimistische Weltsicht der Schlange mit der eher alltagsorientierten Attitüde der Ratte. Doch gewöhnlich finden beide auch auf dem Feld der materiellen Güter, z.B. die Einrichtung der Wohnung, gemeinsame Vorlieben, wobei sich die anpassungsfähigere Ratte auf die Wünsche der Schlange einstellen kann. Gewinn zieht die Ratte auch aus der Weitsicht und Vorsicht der Schlange, die selbst komplizierte Winkelzüge ihrer Gegner durchschaut und so ihren Partner beschützt. In günstigen Elementenkonstellationen (Feuer - Metall; Feuer - Holz) entwickelt sich gar aus Liebe Leidenschaft. Das Testpaar: Kim Basinger (Schlange) und Marlon Brando (Ratte).

MEGAFLOP: RATTE - PFERD

Poetisch gesagt: Ratte und Pferd ist grundverkehrt. In ihrer Selbständigkeit sind sie sich zwar ähnlich, doch in ihren Vorlieben absolut konträr. Das Pferd leidet unter den engen Ansichten der Ratte, während der Ratte die großkotzige Art des Pferdes üble Bauchschmerzen bereitet. Auch empfindet das Pferd die Kleinfamilie, das Ein und Alles der Ratte, als zu eingrenzend für seine weitgreifenden Galoppaden. Zudem quält das Pferd die Ratte mit seinem übersteigerten Herrschaftsanspruch und gibt ihr allen Grund zur Eifersucht. Pferde lassen nur ungern Mahlzeiten auf fremden Weiden aus, ein Verhalten, das Ratten ganz und gar zuwider ist.

Gesamturteil: Dies ist keine Partnerschaft, sondern eine Katastrophe! Die ideale Verbindung für Ihren Erzfeind! Das Desaster-Paar: Barbara Streisand (Pferd) und Prinz Charles (Ratte).

Dauerkrise: Ratte - Ziege

Hauptkrisenpunkt: Geld. Die Ziege ist der Ratte zu ineffektiv, wenn nicht gar zu verschwenderisch in Gelddingen. Sie versteht den Hang zu Luxus und Müßiggang nicht, den Ziegen an den Tag legen. Spontane Geldausgaben, bei Ziegen Alltag, bereiten der Ratte schlechte Laune. Es dauert im Gegenzug nicht lange, und die Ziege ordnet den Partner Ratte in die Reihe der raffgierigen Geldsäcke ein, die für die schönen Seiten des Lebens (Wein, Liebe, Gesang und Bequemlichkeit) keinen Sinn haben. Doch Ratten müssen sich ihre Erholung hart erarbeiten - Ziegen hingegen arbeiten hart daran, sich zu erholen...
Im Zentrum der Krise: Catherine Deneuve (Ziege) und George Bush (Ratte).

Symbiose: Ratte - Affe

Die Schubkraft ihrer Verbindung basiert auf gegenseitigem Verständnis und Bewunderung. Die Ratte ist beeindruckt vom Charme und den verblüffenden Einfällen des Affen, während der Affe die Dynamik und Konsequenz der Ratte in Gelddingen schätzt. Durch die Fähigkeit des Affen zu großen Entwürfen und Utopien kann die Ratte im Geschäftsleben entscheidende Anregungen finden. Fehler und kleine Ausrutscher bis hin zum veritablen Seitensprung verzeihen sie sich locker, und jeder gibt dem anderen das Gefühl von Geborgenheit und Anerkennung. Der Affe zieht daraus eine Ruhe und Gelassenheit, die ihm sonst keine ande-

re Beziehung beschert. Ein Verhältnis, das von Dauer sein kann und dem beide Partner immer neue Reize abgewinnen können.
Im Paradies: Caroline von Monaco (Affe) und Charles Aznavour (Ratte).

NÖRGELN IM DUETT: RATTE - HAHN

Nur Hähne übertreffen gelegentlich die nörglerische Ratte. Mit analytischem Verstand finden sie derart viele Fehler an ihrem Partner, daß die Ratte erbost das Weite sucht. Denn eines können Hähne nicht: Ihre Erkenntnisse für sich behalten. Die Ratte reagiert gekränkt und nörgelt zurück: Mit einem derartig verstandesbetonten und überkritischen Wesen wie dem Hahn will sie nichts zu schaffen haben! Auch geht ihr die dogmatische Weltsicht des Hahns gegen den Strich. Entscheidend jedoch ist das Manko an Gefühlen - aus der Sicht der Ratte. In der kalten Verstandeswelt des Hahnes ist für Emotionen wenig Platz. Der Hahn wieder-

um findet sich in der Gefühlswelt der Ratte nicht zurecht. Keine Paarung, die Aussicht auf Dauer und Beständigkeit hat! Außerdem rappelt es wegen der täglichen Streitereien ständig im Karton...
Das Kritiker-Paar: Bette Midler (Hahn) und Ivan Lendl (Ratte).

IMMER UNTER DEN TEPPICH: RATTE - HUND

Konflikte sind nicht das zentrale Problem dieser Beziehung, denn beide sind gewöhnlich ausgesprochen friedlich und harmonisch gestimmt. Jeder kann tun und lassen, was er will, ohne daß der andere bissige Kommentare abgibt. Manchmal jedoch scheitert diese Verbindung an zuviel Rücksichtnahme. Eines Tages stellt einer der Partner verwundert fest, daß er sich selbst in der Partnerschaft gar nicht mehr wiederfindet. Etwas mehr Konfliktbewußtsein und klärende, offene Aussprachen könnten mehr Nähe schaffen. Denn eigentlich ergänzen sich der unermüdliche Hund und die treue Ratte gut.
Eher harmonie- als streitsüchtig: Madonna (Hund) und Wolfgang Amadeus Mozart (Ratte).

TRAUMTÄNZER: RATTE - SCHWEIN

Die Anziehung zwischen den Partnern ist groß, nicht nur körperlich, sondern auch auf geistiger Ebene. Ihre Interessen überschneiden sich in vielfältiger Weise. Zum Beispiel feiern sie zu zweit oder zusammen mit Freunden rauschende Feste. Nach einer wilden Zeit voller Lebenslust werden sie jedoch oft von der Realität eingeholt, und beide stellen fest, daß Glück eine windige Angelegenheit ist, wenn man nicht bewußt daran arbeitet. Es fällt beiden schwer, stabilisierend auf den Part-

ner zu wirken. Meist ist es die Ratte, die diese Verbindung auch im Alltag auf feste Füße stellt.
Im Liebesrausch: Julie Andrews (Schwein) und Otto von Bismarck (Ratte).

Mami, Papi und die lieben Kleinen
GLÜCK FÜR DIE GANZE FAMILIE

Verwandtschaftliche Regungen sind im Tierzeichen Ratte besonders stark ausgeprägt. Ratten fühlen sich in der Gemeinschaft sicherer. So kommt es, daß Ratten für Freunde und Verwandte vieles tun, sie z.B. bei sich aufnehmen, wenn Not am Mann ist. Sie sorgen für die Ihren bis zu einem Punkt, an dem Angehörige anderer Tierzeichen die lieben Verwandten schon längst als miese Schnorrer vor die Tür gesetzt hätten.

Besonders starke Bindungen hat der Gefühlsmensch Ratte zu seiner nächsten Familie. Die Rattenmutter liebt ihren Mann und ihre Kinder in einer Weise, die Außenstehenden als völlig übertrieben erscheint. Klar, daß sie sich in der Rolle der perfekten Hausfrau gefällt.

Dennoch sind ihr die Abläufe außerhalb ihres Hauses keineswegs gleichgültig. Sie überwacht und steuert die Karriere ihres Mannes und geht viele gesellschaftliche Verpflichtungen ein. Ist umgekehrt die Frau die Ernährerin der Familie, erwartet sie eben solches von ihrem Partner. Auch männliche Ratten sind familiär eingestellt. Ein Ratten-Mann wird sich im Haushalt betätigen, kochen und putzen wie sonst kein anderes Tierzeichen. Auch Urlaub und Wochenenden wird er am liebsten mit der Familie verbringen.

Schattenseite: Kritiker würden die Verwandtenliebe der Ratte als „übertriebenes Stammesgefühl" abqualifizieren.

*Wer viel lacht und viel weint,
wird sehr alt.*

Immer Volles Risiko!
DIE GESUNDHEIT DER RATTE

Der Körper der Ratte ist im allgemeinen kräftig und belastungsfähig. Sie bringt alle Voraussetzungen für ein langes Leben in Gesundheit mit. Für ihre Lebensspanne ist allerdings auch von Bedeutung, daß Ratten in der Familie oft ein höheres Alter erreichen, als wenn sie allein leben. Zwar besitzen Ratten mit ihrem belastbaren Körper ein unschätzbares Kapital, doch gehen sie damit - ganz im Gegensatz zu ihren sonstigen Gepflogenheiten - sehr verschwenderisch um. Denn Ratten leben meist nicht sehr gesund. Unregelmäßige Mahlzeiten und wenig Gespür für die Qualität von Nahrungsmitteln führen dazu, daß der Magen-Darm-Trakt von Ratten häufig einiges durchzustehen hat. Trinkgelage oder nächtliche Überfälle auf den Kühlschrank bringen die Verdauung aus dem Gleichgewicht. Wen wundert es, daß Ratten häufig unter Sodbrennen oder gar unter Magengeschwüren leiden. Doch statt ihre Lebensgewohnheiten zu ändern, schlucken sie lieber kiloweise Pillen und, um nächtens überhaupt Schlaf zu finden, große Mengen von Schlaftabletten. Auch sonstigen Sinneslüsten nicht abgeneigt, wird vieles von ihrem Körper gefordert.

Der zweite Schwachpunkt der Ratte: ihr zartes Nervenkostüm. Bei zu hoher Streßbelastung und besonders bei Beziehungproblemen drohen manisch-depressive Zustände und Nervenzusammenbrüche. Gegenmittel: körperliche Arbeit oder Ausgleichssport. Ratten, die regelmäßig joggen oder das Holz für den Kamin hacken, sind psychisch meist gesund. Zudem schützen sie dadurch Herz und Kreislauf, ihre dritte Schwachstelle. Auch das Atmungssystem ist in manchen Fällen empfindlich.

Hier greift häufig Schwäche Nr. 4 an: Ratten leiden nicht selten unter Allergien wie Heuschnupfen und Staub- oder Pilzsporenallergien. Das ideale Gegenmittel: gesunde, schadstoffreie Nahrung. Doch das ist im Falle einer Ratte leicht gesagt...

Gesundheitstips für Ratten:

1. Gehen Sie regelmäßig zum Arzt!
2. Verdrängen Sie Schmerzen und andere körperliche Symptome nicht! Hören Sie auf Ihren Körper!
3. Es wird zu regelmäßigen Mahlzeiten, gemäßigtem Alkoholgenuß (besser edle Weine statt Bier und Schnaps!) und zum Verzehr von viel Obst (Zitrusfrüchte!) geraten. Wenn Ratten dann noch darauf achten, daß der Vitaminhaushalt im Lot ist (insbesondere die Vitamine E, B und C), haben sie Aussichten, Methusalem um einige Jahre zu überleben.

*Für Leute, die nur einen Hammer
als Werkzeug haben,
ist jedes Problem ein Nagel.
(Chinesisches Sprichwort)*

HOME, SWEET HOME...
WIE DIE RATTE IHR GLÜCK FINDET

Ratten gehören zu den Menschen, die nur dann Ruhe und Zufriedenheit finden, wenn sie von Familie und guten Freunden anerkannt leben können. Als Einsiedler oder Einzelkämpfer halten sie zwar eine beachtliche Weile durch, doch finden sie keinen inneren Frieden. Wirkliche Erfüllung spüren sie erst, wenn kleine Ratten ihre Füße umwuseln und Haus und Hof in bester Ordnung sind.

*Asche, Kohle, Schotter, Kies
machen dir das Leben mies!
(Deutsche Volksweisheit!)*

Neugier hat ihren Preis...

WAS DER RATTE DEN WEG ZUM GLÜCK VERSPERRT

Häufig ist Habgier im Spiel, wenn Ratten unglücklich sind. Sie verstehen es nicht, zu genießen, was sie bisher erreicht haben, und tanzen statt dessen um das Goldene Kalb. Manche Ratte bringt sich auch durch Neugier um ihr Glück, denn häufig ist es nicht gut, gewisse Dinge zu früh zu erfahren. Unbelastet hätte sie eine Situation einfacher bestehen können, und die Ratte bedauert es nachträglich, ihre Nase in alles stecken zu müssen...

Richtige Waagschalen
und volles Maß
schaden keinem Händler.

Zwischen Krösus und Dagobert Duck
DIE RATTE UND DAS GELD

Im Jahr der Ratte geborene Menschen gelten als fleißig und sparsam. Sie gönnen sich und anderen im Regelfall weder Verschwendung noch Luxus. Besonders die weibliche Ratte überrascht immer wieder mit ihrer Sparsamkeit.

Geht es jedoch um die eigenen Angehörigen, sind Ratten großzügig. Oft wird ihre Einstellung zum Geld mißverstanden: sinnvollen Ausgaben stehen sie positiv gegenüber, unnötige Kosten hingegen finden sie abscheuerregend. Großzügig verwöhnen sie jene, die sie besonders gern haben. Dennoch muß man festhalten: Geld bedeutet der Ratte sehr viel. Sie muß zumindest einen finanziellen Rückschlag einstecken, ehe sie lernt, daß Raffsucht sich nicht auszahlt. Auf finanzielle Fehlschläge reagieren Ratten verstört, doch sie lernen daraus. Im geschäftlichen Bereich begreifen sie, daß Investitionen hin und wieder unumgänglich sind. Auch privat verstehen sie schnell, daß der billigste nicht immer der preiswertere Weg ist. Von einer finanziellen Einbuße erholen sich Ratten schnell und bleiben nie lange mittellos.

Besonders aggressiv reagieren Ratten auf die Faulheit anderer. Der überaus fleißigen Ratte sind Müßiggang und Faulheit ein Greuel. Es versteht sich von selbst, daß in Luxus schwelgende Menschen der Ratte suspekt sind.

Unsympathisch macht die Ratte jedoch für viele ihrer Mitmenschen der Wunsch, auch anderen in materieller Hinsicht Grenzen aufzuerlegen. Diese Maßregelung führt schnell zu Konflikten. Die weibliche Ratte quält besonders ihren Partner immer wieder mit Sparsamkeitsattacken - Beziehungsknatsch ist programmiert.

In einer weiteren Rolle wirkt sich diese Eigenschaft der Ratte besonders unangenehm aus: wenn man sie zum Chef hat. Zwar sind Ratten oft rührend um das Wohlergehen ihrer Mitarbeiter besorgt, doch sperren sie sich, stets in Sorge um das Gesamtunternehmen, jedem Wunsch nach Gehaltserhöhung hartnäckig und über lange Zeit.

Wer einem Mann einen Fisch schenkt,
gibt ihm für einen Tag zu essen.
Wer ihn das Fischen lehrt,
gibt ihm ein Leben lang zu essen.

Karriere programmiert

RATTEN IM BERUF

Wenn Ratten ihre Begabungen nutzen, ergreifen sie Berufe, in denen a) ihre Neugier oder b) ihre finanziellen Begabungen oder c) ihr Gemeinschaftssinn zum Tragen kommen.

Viele Ratten finden in journalistischen oder anderen schreibenden Berufen ihre Erfüllung und werden Reporter, Redakteur oder Lektor. Besonders beim letztgenannten Beruf hilft ihnen ihr menschliches Verständnis und ihr Einfühlungsvermögen. Auch als Schriftsteller profitieren Ratten von diesen Begabungen. Nicht umsonst waren William Shakespeare und Leo Tolstoi Menschen dieses Zeichens. In Medienberufen sind Ratten ebenfalls am richtigen Platz.

Ideale Tätigkeiten für Ratten bietet das kaufmännische Berufsfeld und das Makler- und Bankwesen (wobei es unter den Maklern einige ganz üble Ratten geben soll...). In diesen Bereichen zeigt sich vor allem ihre Akkuratesse und Zuverlässigkeit in Gelddingen. Da Ratten immer auch an die eigene Karriere denken, profitieren nicht nur die Firma und der Chef, sondern auch die Ratte selbst von ihrer Aktivität. Stehen alle Zeichen gut und besitzen Ratten unternehmerische Qualitäten, so werden sie bald ein eigenes Unternehmen zum Erfolg führen.

Mit unermüdlichem Geschäftssinn heckt die Ratte ständig neue Pläne aus, um ihren Besitz zu mehren. Wenn sie diesem Antrieb zu stark folgt und aus übertriebenem Ehrgeiz zu vieles zu schnell erreichen will, vergißt sie dabei häufig ihre menschlichen Verpflichtungen.

Das dritte und keineswegs unbedeutende Tätigkeitsfeld der Ratte: die sozialen Berufe. Ob in Kindergarten, Schule, Heim oder Jugendzentrum: Ratten stehen ihre Frau oder ihren Mann. Kinder lieben Lehrer und Erzieher dieses Zeichens, weil sie sich absolut auf sie verlassen können. Die vermittelnden Fähigkeiten der Ratte sind bei Krisensituationen und Streitfällen sehr gefragt.

Wissen ist ein Schatz,
der seinen Besitzer
überallhin begleitet.

OST UND WEST IM ALLTAGSTEST
KANN DIE RATTE MIT DEM ZWILLING?

Wie wirken die Zeichen des chinesischen Mondkalenders mit den Tierkreiszeichen unseres Sonnenhoroskops zusammen? Was, wenn sich Ratte und Zwilling in einer Person vereinen? Die zwölf möglichen Kombinationen für das chinesische Zeichen Ratte:

ENERGIEBÜNDEL: DIE WIDDER-RATTE

Wenn Sie Ratte und zugleich Widder sind, verstärken sich die aktiven Kräfte beider Zeichen. Das Ergebnis ist eine selbstsichere, starke Persönlichkeit, die ihren Kopf durchsetzen kann. Sie wird ein betriebsames Leben führen. Besonders die listenreiche Art der Ratte wird zu beachtlichen Erfolgen führen. Ihr charmantes Wesen mildert darüber hinaus die kantige Ehrlichkeit des Widders. Zu Hektik und Launenhaftigkeit neigen Feuer-Ratten, die zugleich Widder sind. Wasser-Ratten des Tierkreiszeichen Widders beeindrucken mit einer für den Widder selten intensiven Bildung und Geisteskraft.

VERSICHERUNGSPOLICE: DIE STIER-RATTE

In dieser Verbindung dämpft die zurückhaltende Art des Stieres Tatendrang und Initiative der Ratte. Ausgeprägt bilden sich die Fähigkeiten zur Bewältigung alltäglicher Probleme bei Holz-Ratten-Stieren aus. Wasser-Ratten-Stiere sind wahre Leseratten, während Erd-

Ratten-Stiere ein wenig engstirnig, konventionell und unflexibel sein können. Die Verbindung Ratte-Stier sorgt auf jeden Fall für finanzielle und persönliche Sicherheit. Für einen Stier ungewöhnlich ist die verbale Begabung. Die Stier-Ratte findet immer eine Ausrede, um sich aus der Schußlinie zu halten.

Quasselstrippe: Die Zwillings-Ratte

Wieder ergänzen sich ähnliche Kräfte. Ein Ratten-Zwillinge hält, überaus eloquent, stundenlange Reden und Monologe, wobei er manchmal eine andere Begabung verliert: das Zuhören. Wen wundert es, daß viele seiner Unternehmungen Luftschlösser bleiben, weil er auf Warner nicht gehört hat. Immerhin dämpfen die Eigenschaften der Ratte den Hang zum Leichtsinn, unter dem Zwillinge gemeinhin leiden. Erotisch üben Ratten-Zwillinge eine enorme Attraktion aus, denn sie wissen, wie sie die libidinösen Kräfte beider Zeichen sinnvoll verbinden können.

Couchkartoffel: Die Krebs-Ratte

Hier dominiert das Innen, und das Außen bleibt außen vor. Ein Mensch dieser Zeichenverbindung erfreut sich eines regen Gefühlslebens, doch er kapselt sich manchmal zu stark vor der Außenwelt ab. Zwar muntert das kontaktfreudige Wesen der Ratte den gehemmten und schüchternen Krebs auf, doch genügt dieser Antrieb nur bei der Feuer-Ratte für eine erkennbare Veränderung. Auch leidet bei der Erd-Ratte die ohnehin schwächer ausgeprägte Unternehmungslust unter den dämpfenden Tendenzen des Krebses. Ergebnis: ein gefühlseliger Familienmensch, den mancher nur noch Pantoffelheld oder Couch-Kartoffel nennen mag.

Scheinwerfer: Die Löwen-Ratte

Was der Ratte von Haus aus an Klasse fehlt, gibt ihr die Geburt im Tierkreiszeichen Löwe. Sie entwickelt Stil und wählt nicht immer nur den Weg der geringsten Kosten. Darunter leidet gelegentlich ihr Geschäftssinn, und nur die Löwen-Ratte schafft es, was keiner anderen Ratte vergönnt ist: Spaß an der Verschwendung zu finden. Da fliegt manches Scheinchen unnütz aus dem Fenster. Der Löwe gewinnt durch die Geburt in einem Ratten-Jahr an Zuverlässigkeit und Integrität. Für einen Menschen dieses Zeichens ist er nicht nur besonders intelligent, sondern auch bemerkenswert demokratisch gesinnt. Sein sonst ausgeprägter Herrscherstolz hält sich in Grenzen. Feuer-Ratten-Löwen fallen allerdings durch ihr leidenschaftliches Wesen auf.

Schnüffelnase: Die Jungfrau-Ratte

Zwar beeindruckt die Jungfrauen-Ratte durch ihren Fleiß und durch ihr für eine Jungfrau auffällig hell gestimmtes und freundliches Wesen. Doch hat sie zwei gravierende Fehler: Die Mitteilungssucht beider Zeichen geht eine unheilvolle Verbindung ein, und unter der potenzierten Neugier der Jungfrau-Ratte leiden Menschen im weiten Umkreis. Berufsperspektive: Detektei! Erd-Ratten-Jungfrauen erreichen nicht selten ein kaum noch vorstellbares Ausmaß an Spießigkeit und Konvention.

Stark im Team: Die Waage-Ratte

Ein seltener Fall: Eine Waage wird sparsam! Nicht nur der Schönheitssinn der Waage bestimmt nunmehr ihr Denken, denn bei allen Harmonie- und Schönheitsbestrebungen behält die Waagen-Ratte stets ihren Kontostand im Auge. Ihr ausgeprägter Geschäftssinn schmälert keineswegs ihre Attraktivität. Die Waage-Ratte versteht es, ihre Anziehungskraft auf Menschen zu nutzen und die gemeinsamen Bestrebungen in eine erfolgversprechende Richtung zu lenken. Der ideale Team-Mensch! Schwächen: Nur die Wasser-Ratten-Waage gelangt in ihrem Denken zu philosophischer Tiefe.

DUNKELMANN: DIE SKORPION-RATTE

Finstere Kräfte überdecken die sympathischen Seiten der Ratte und verstärken ihre negativen Aspekte: Aus einem gesunden Sinn für Besitz wird Raffgier, aus Willenskraft entstehen ungebremste, schwarze Energien. Zwar ist auch diese Ratte erfolgreich, doch sind ihre Siege mit Konkurrenzdenken und Intrigen erkämpft. „Leichen" säumen den Weg besonders der Skorpion-Metall-Ratte, denn ihre Konkurrenten schaltet sie rücksichtslos aus. Das berauschende Ziel der Skorpion-Feuer-Ratte: Macht. Ein idealer Politiker, wenn auch die Mitteilungsfreude der Ratte durch die Verschwiegenheit des Skorpions gebremst wird. Sollte diese Ratte etwas zu sagen haben, dann nutzt sie ihre Autorität auch. Sonst schweigt sie, aber aus einer Position der Stärke heraus.

LACHSACK: DIE SCHÜTZE-RATTE

Diese starke, selbstsichere, in jeder Situation glänzende Ratte verdankt ihre Treffsicherheit in der Einschätzung von Personen dem Tierkreiszeichen Schütze. Ihre charmante Art wird durch die Kraft und Kühnheit des Schützen noch betont. Besonders Feuer-Ratten-Schützen ziehen ihre Umgebung zusätzlich durch geistige Brillianz und geballte Lebenslust in ihren Bann. Eine Zeichenkombination, die das Leben von seiner heitersten Seite nimmt. Der Erd-Ratten-Schütze verliert bei aller Ausgelassenheit und Sinnenfreude die Realität nicht aus dem Blick. Dem ausgeprägten Reisefieber des Schützen werden von der Häuslichkeit der Ratte gewisse Grenzen gesetzt. Schütze-Ratten fragen sich bei der Urlaubsplanung schon einmal: Muß es denn immer exotisch sein?

SCHUBLADENDENKER: DIE STEINBOCK-RATTE

Diese Zeichenkombination ordnet ihre Welt perfekt und weist allem und jedermann eine Schublade zu. Zuverlässigkeit, Vorratshaltung, Treue, gute Manieren und Beständigkeit sind hochgeschätzte Werte, und für Träumereien ist allenfalls in raren Mußestunden Zeit. Steinbock-Ratten hassen Abenteuer und ziehen geplante

Abläufe vor: streng nach Protokoll oder gar nicht! Vorsicht kommt vor Zuversicht, und so ist immer absehbar, was geschehen wird und was nicht, im Beruf wie im Privatleben. Sex gibt es erst nach Verlobung und Eheschließung und wenn die Hausratversicherung abgeschlossen ist. Auf der Strecke bleiben die Fantasie und die menschliche Wärme der Ratte.

Vereinsmeier: Die Wassermann-Ratte

Der Gesellschaftsmensch Wassermann richtet das immer auf Gewinn orientierte Denken der Ratte auch einmal in soziale Richtung, und so kann es vorkommen, daß Freundschaftsbeziehungen wichtiger als das Geschäft werden. Ein sympathischer Zug! Wäre da nicht das unstillbare Mitteilungsbedürfnis beider Zeichen, das zu nicht enden wollenden Monologen vor dem Taubenzüchterverein oder dem Aufsichtsrat der örtlichen Molkerei führen kann. Kritisch, wenn die engagierte Feuer-Ratte im Wassermann geboren ist: demagogische Kräfte gefährden Staat oder Wohngemeinschaft. Mittels ihrer scharfen Beobachtungsgabe erkennt die Wassermann-Ratte die Wünsche ihrer Mitmenschen und nutzt sie für ihre Vorhaben.
Glücklicherweise sind die Zielsetzungen der Wassermann-Ratte meist edler, selten krimineller Natur...

Mögest du in bewegten Zeiten leben!

DIE ZUKUNFT DER RATTE

Was erwartet die Ratte in den herannahenden Jahren unter der Herrschaft der anderen Tierzeichen? Werfen Sie einen Blick weit hinaus in die Zeit und lesen Sie die Geheimnisse Ihrer Zukunft im kommenden Jahrzehnt:

Im Jahr des Hundes 1994 · 2006

Schicksalswirkungen und Veränderungen zum Schlechten hin quälen die Ratte insbesondere deshalb, weil ihr die Möglichkeiten zur Einflußnahme fehlen. Ratten sollten die Ereignisse, deren Ablauf sie ohnehin nicht ändern können, in stoischer Ruhe ertragen. Ein Jahr, das nur mit Geduld und Besonnenheit zu bewältigen ist. Lichtblicke: Geschäftlich geht der Ratte ein dicker Fisch ganz ohne Anstrengung ins Netz. Und: Spannungen in einer neuen Liebesaffäre lassen sich einfach lösen - durch Zuhören!

Im Jahr des Schweines 1995 · 2007

Ein Jahr der Sonnenstrahlen. Ratte und Schwein lieben das gute Leben (im Falle der Ratte besonders dann, wenn es nichts kostet): Sie bekommen von allem reichlich in diesem Jahr: köstliches Essen, edle Weine, zartes Liebesgeflüster, entspannende Ferien und ein reiches Kulturleben. Aber aufgepaßt: Eine dunkle Wolke droht am Horizont! Hüten Sie sich vor Verlusten! Sie sollten ein Auge auf Ihre Besitzstände, aber auch auf Ihre Gesundheit haben. Ihre Freunde strapazieren beides in ungebührlicher Weise. Ziehen Sie rechtzeitig einen Trennungsstrich!

Im Jahr der Ratte 1996 · 2008

Reichtum und Glück sind für alle Ratten in diesem Jahr gewiß. Doch das wertvolle Gut Gesundheit wird manchen Gefährdungen ausgesetzt sein, denn die Ratte übertreibt den leichtsinnigen Umgang mit ihrem Körper. Ein gutes Jahr für Zukunftsplanungen: Heiraten Sie, gründen Sie eine Firma oder bringen Sie ein großes Vorhaben auf den Weg! Gehen Sie auf die Reise, die Sie schon immer unternehmen wollten! Ihr Horoskop ist günstig!

Im Jahr des Büffels 1997 · 2009

Kein Jahr des plötzlichen Reichtums für die Ratte, aber eines ohne Verluste. Zwar wird harte Arbeit von ihr gefordert, doch scheint der gerechte Lohn hierfür auszubleiben. Verzagen Sie nicht! Die Ernte fahren Sie in den kommenden Jahren ein! Feiern Sie in diesem Jahr keine aufwendigen, rauschenden Feste, sondern ziehen Sie stille, einfache Vergnügungen vor. In ihrem emotionalen Leben erfreuen Sie sich an Wärme und Geborgenheit. Eine neue Liebe nimmt einen sanften, zärtlichen Verlauf.

Im Jahr des Tigers 1998 · 2010

Nichts ist unsicherer als ein Tigerjahr, denn der Tiger liebt die beständige Gefahr. Ein Jahr der Anspannung ohne Höhepunkte des Erfolges, aber mit der Gefahr eines großen Verlustes. Unsicherheit auf allen Ebenen des Lebens - von der großen Politik bis hin zur persönlichen Situation - lassen die Ratte nur selten zur Ruhe kommen. Eine starke Neigung zu überraschenden Reisen raubt ihr zusätzlich die Beschaulichkeit. Wenn Sie dieses Jahr gefaßt und in Hoffnung auf eine Wendung zum Guten hinter sich bringen, haben Sie viel gewonnen.

Im Jahr der Katze 1999 · 2011

Ein Jahr, das Ihnen in der Ruhe mehr Gewinn bringen kann als in der Geschäftigkeit. Fahren Sie ausgiebig in Urlaub und sammeln Sie Kräfte. Finanzielle Erfolge, die sich wie von selbst einstellen, geraten in Gefahr, wenn es zu Mißverständnissen kommt. Es könnte sein, daß die Schar Ihrer Lieben erfreulichen Zuwachs bekommt - ob es nun Ihre Familie oder Ihr Freundeskreis ist.

Im Jahr des Drachen 2000 · 2012

Ein Jahr der sich überstürzenden Erfolge! Ihr Ansehen wächst ebenso rasch und sprunghaft wie Ihr Vermögen. Dennoch sollten Sie wachsam sein: Ein neuer Feind lauert gut getarnt ganz in Ihrer Nähe und wartet auf seine Gelegenheit. In Liebesdingen kommen herzerfrischende Tage und atemberaubende Nächte auf Sie zu! Feiern Sie den Rausch des Lebens - und vergessen Sie nicht, Ihre Freunde einzuladen!

Im Jahr der Schlange 2001 · 2013

Hüten Sie Haus und Hof, denn ein dramatisches Jahr voller Spannung und immer neuer abenteuerlicher Veränderungen in Beruf und Privatleben steht Ihnen bevor! Übernehmen Sie sich nicht, denn sonst droht Ihnen Krankheit. Halten Sie Ihr Guthaben zusammen, finanziell wie emotional. Im letzten Jahr haben Sie genug gepraßt! Bei entsprechender Vorsicht kann Ihnen die Schlange nichts anhaben.

Im Jahr des Pferdes 2002 · 2014

Ein gefährliches Jahr für Ihr Geld! Überall lauern versteckte Kosten, unerwartete Einbußen und zusätzliche Teuerungen! Zählen Sie Ihre Groschen penibel wie Dagobert Duck, und am besten schaffen Sie sich auch einen Geldspeicher an! Wählen Sie solide Anlageformen, am besten Gold! Vergaloppieren Sie sich auch emotional nicht zu sehr! Auch hier platzt so mancher falsche Scheck! Rettender Strohhalm: die nächsten Jahre werden besser!

Im Jahr der Ziege 2003 · 2015

Ein traumhaftes Jahr für alle kreativen Menschen! Große Gedanken wachsen, gewaltige Projekte nehmen Gestalt an, und Neuerungen durchdringen alle Gebiete des menschlichen Lebens. Für den Alltag jedoch bringt das Jahr der Ziege Belastungen: Bestehendes kollidiert mit Wachsendem, das Bedürfnis nach Sicherheit findet wenig Widerhall. Begreifen Sie den Eingriff in den gewohnten Ablauf als Chance zu erfrischender Erneuerung Ihrer Beziehungen. Schütten Sie das Kind nicht mit dem Bade aus! Trostpflaster: Beruflich tun sich völlig unerwartet neue Tätigkeitsfelder auf - Ihr Wohlstand wächst!

Im Jahr des Affen 2004 · 2016

Ein ertragreiches Jahr für alle Ratten, die zu ihren Freunden und Partnern stehen. Der Wohlstand mehrt sich, und in Ihrem Gefühlsleben kann ein winziges Flirt-Pflänzchen zu einem mächtigen Liebesbaum heranwachsen. Ein ideales Jahr, um die Wohnung und das Seelenleben zu entrümpeln. Doch Taktgefühl ist gefragt: Eine Trennung in Streit könnte langfristige Nachwirkungen haben! Alles in allem: Sie werden viel Aufregung und viel Spaß haben in diesem Jahr! Genießen Sie es, denn das kommende wird komplizierter...

Im Jahr des Hahnes 2005 · 2017

Ein Jahr voller verwickelter Abläufe in Alltag, Beruf und Liebesleben steht Ihnen bevor. Riskieren Sie besser wenig, denn das Ausmaß an chaotischen Konfusionen kann beträchtlich sein. In Liebesdingen führen Seitensprünge zu unüberschaubaren Situationen und Gordischen Knoten, die nur mit scharfen Schnitten zu lösen sind. Lernen Sie lieber schätzen, was Sie haben! Warnung: Überraschende gute Nachrichten können Ratten in diesem Jahr ebenso aus der Bahn werfen wie Mißerfolge!

PROMINENTE RATTEN

Metall

Ayrton Senna - Rennfahrer - 21.3.1960
Götz v. Berlichingen - freier Reichsritter - 1480
Hans Stuck - Rallyerennfahrer - 27.12.1900
Ivan Lendl - Tennisstar - 7.3.1960
Kim Wilde - Rocksängerin - 18.11.1960
Kurt Weill - Komponist - 2.3.1900
Louis Armstrong - Jazztrompeter - 4.7.1900
Lucrezia Borgia - Orgiastin - 18.4.1480
Nastassja Kinski - Schauspielerin - 24.1.1961

Feuer

Burt Reynolds - Schauspieler - 11.2.1936
Karim Aga Khan - Geldmagnat - 13.12.1936
Paula Modersohn-Becker - Malerin - 8.2.1876
Shirley Bassey - Sängerin - 8.1.1937
Václav Havel -
Schriftsteller und Präsident - 5.10.1936
Vanessa Redgrave - Schauspielerin - 30.1.1937
W. A. Mozart - Komponist - 27.1.1756
Yves St. Laurent - Modeschöpfer - 1.8.1936

Wasser

Erich Honecker - Ex-Honi - 25.8.1912
Gene Kelly - Schauspieler - 23.8.1912
Hanna Reitsch - Fliegerin - 29.3.1912
Joseph Haydn - Komponist - 1.4.1732
Richard Nixon - US-Präsident - 9.1.1913

Erde

Andrew Lloyd Webber -
Komponist von „Cats" - 22.3.1948
Irving Berlin - Komponist - 11.5.1888
Jules Verne - Dichter mit SF-Ambitionen - 8.2.1828
Leo Tolstoi - Dichter und Schriftsteller - 9.9.1828
Maurice Chevalier -
Schauspieler und Sänger - 12.9.1888
Prinz Charles - alternder Thronfolger - 14.11.1948
Raymond Chandler - Krimiautor - 23.7.1888
Robert Palmer - Rockmusiker - 19.1.1949

Holz

Charles Aznavour - Chansonnier - 22.4.1924
Charlton Heston - Schauspieler - 4.10.1924
Doris Day - Schauspielerin - 3.4.1924
George Bush - US-Präsident - 12.6.1924
George Sand -
Dichterin und Feministin - 1.7.1804
James Baldwin - Astronaut - 2.8.1924
Jimmy Carter - US-Präsident - 1.10.1924
Marlon Brando - Schauspieler - 3.4.1924
William Shakespeare - Dichter - 26.4.1564

	Jahr	Element	Tier	Zeitraum
	1906	*Feuer*	Pferd	25. Jan. 1906 – 12. Feb. 1907
	1907	*Feuer*	Ziege	13. Feb. 1907 – 2. Feb. 1908
	1908	*Erde*	Affe	3. Feb. 1908 – 21. Jan. 1909
	1909	*Erde*	Hahn	22. Jan. 1909 – 9. Feb. 1910
	1910	*Metall*	Hund	10. Feb. 1910 – 29. Jan. 1911
	1911	*Metall*	Schwein	30. Jan. 1911 – 17. Feb. 1912
	1912	*Wasser*	Ratte	18. Feb. 1912 – 5. Feb. 1913
	1913	*Wasser*	Büffel	6. Feb. 1913 – 25. Jan. 1914
	1914	*Holz*	Tiger	26. Jan. 1914 – 13. Feb. 1915
	1915	*Holz*	Katze	14. Feb. 1915 – 2. Feb. 1916
	1916	*Feuer*	Drache	3. Feb. 1916 – 22. Jan. 1917
	1917	*Feuer*	Schlange	23. Jan. 1917 – 10. Feb. 1918
	1918	*Erde*	Pferd	11. Feb. 1918 – 31. Jan. 1919
	1919	*Erde*	Ziege	1. Feb. 1919 – 19. Feb. 1920
	1920	*Metall*	Affe	20. Feb. 1920 – 7. Feb. 1921
	1921	*Metall*	Hahn	8. Feb. 1921 – 27. Jan. 1922
	1922	*Wasser*	Hund	28. Jan. 1922 – 15. Feb. 1923
	1923	*Wasser*	Schwein	16. Feb. 1923 – 4. Feb. 1924
	1924	*Holz*	Ratte	5. Feb. 1924 – 23. Jan. 1925
	1925	*Holz*	Büffel	24. Jan. 1925 – 12. Feb. 1926
	1926	*Feuer*	Tiger	13. Feb. 1926 – 1. Feb. 1927
	1927	*Feuer*	Katze	2. Feb. 1927 – 22. Jan. 1928
	1928	*Erde*	Drache	23. Jan. 1928 – 9. Feb. 1929
	1929	*Erde*	Schlange	10. Feb. 1929 – 29. Jan. 1930
	1930	*Metall*	Pferd	30. Jan. 1930 – 16. Feb. 1931
	1931	*Metall*	Ziege	17. Feb. 1931 – 5. Feb. 1932
	1932	*Wasser*	Affe	6. Feb. 1932 – 25. Jan. 1933
	1933	*Wasser*	Hahn	26. Jan. 1933 – 13. Feb. 1934
	1934	*Holz*	Hund	14. Feb. 1934 – 3. Feb. 1935
	1935	*Holz*	Schwein	4. Feb. 1935 – 23. Jan. 1936
	1936	*Feuer*	Ratte	24. Jan. 1936 – 10. Feb. 1937
	1937	*Feuer*	Büffel	11. Feb. 1937 – 30. Jan. 1938
	1938	*Erde*	Tiger	31. Jan. 1938 – 18. Feb. 1939
	1939	*Erde*	Katze	19. Feb. 1939 – 7. Feb. 1940
	1940	*Metall*	Drache	8. Feb. 1940 – 26. Jan. 1941
	1941	*Metall*	Schlange	27. Jan. 1941 – 14. Feb. 1942
	1942	*Wasser*	Pferd	15. Feb. 1942 – 4. Feb. 1943
	1943	*Wasser*	Ziege	5. Feb. 1943 – 24. Jan. 1944
	1944	*Holz*	Affe	25. Jan. 1944 – 12. Feb. 1945
	1945	*Holz*	Hahn	13. Feb. 1945 – 1. Feb. 1946
	1946	*Feuer*	Hund	2. Feb. 1946 – 21. Jan. 1947
	1947	*Feuer*	Schwein	22. Jan. 1947 – 9. Feb. 1948
	1948	*Erde*	Ratte	10. Feb. 1948 – 28. Jan. 1949
	1949	*Erde*	Büffel	29. Jan. 1949 – 16. Feb. 1950
	1950	*Metall*	Tiger	17. Feb. 1950 – 5. Feb. 1951
	1951	*Metall*	Katze	6. Feb. 1951 – 26. Jan. 1952
	1952	*Wasser*	Drache	27. Jan. 1952 – 13. Feb. 1953
	1953	*Wasser*	Schlange	14. Feb. 1953 – 2. Feb. 1954
	1954	*Holz*	Pferd	3. Feb. 1954 – 23. Jan. 1955
	1955	*Holz*	Ziege	24. Jan. 1955 – 11. Feb. 1956